Ideazione e testi: Yvette Barbetti.
Illustrazioni: Marcelle Geneste, Héliadore, Ali Fellahy e Laura Bour.
Consulenza scientifica: Lucien Laubier, direttore dell'istituto oceanografico di Parigi.
Assistente: Annabelle Nicolle-Beaufils.

DOMANDE E RISPOSTE

SUGLI ANIMALI DEL MARE

LITO EDITRICE

Indice

Gli Uccelli Marini

I Pesci

I grandi animali marini

Sulla riva del mare

Gli uccelli marini

L'ALBATRO, GIGANTE DEI MARI

QUAL È IL PIÙ GRANDE UCCELLO MARINO?

È L'ALBATRO. GRAZIE ALLE SUE GRANDI ALI, RIESCE A PLANARE SENZA SBATTERLE, LASCIANDOSI PORTARE DAL VENTO.
TRASCORRE MOLTO TEMPO IN VOLO E PUÒ RESTARE DIVERSI MESI IN MARE APERTO A ENORME DISTANZA DALLA TERRAFERMA.

QUANDO SI RIPOSA L'ALBATRO?

IN MANCANZA DI VENTO, QUANDO DOVREBBE SBATTERE LE ALI PER MANTENERSI IN VOLO, L'ALBATRO PREFERISCE POSARSI SULLA SUPERFICIE DELL'ACQUA PER DORMIRE O RIPOSARSI.

Perché l'albatro si posa sulla terraferma?

Ogni inverno, l'albatro ritorna sulla terraferma per trovare una compagna e riprodursi. La coppia resta unita per tutta la vita e si ritrova ogni anno nello stesso posto! Le coppie si stabiliscono in colonie formate da diverse migliaia di esemplari e nidificano sui fianchi delle scogliere.

Perché l'albatro segue le navi?

L'albatro si nutre di seppie, pesci e… tutto quello che trova sulla superficie dell'acqua! Egli può seguire per molti giorni, in volo planato, le navi per nutrirsi degli avanzi dei pasti o scarti della pesca gettati in mare.

Un uccello rumoroso, il mugnaiaccio

Il mugnaiaccio è un grande uccello marino troppo leggero per immergersi. Galleggia sull'acqua e nuota grazie alle zampe palmate.

Perché il mugnaiaccio lancia dei gridi?

«Kiau kiau»: piange per richiamare i suoi piccoli e lancia alti strilli per difendere il suo territorio. Questo uccello, molto chiacchierone, emette versi assordanti per esprimere il suo umore: dopo un combattimento vittorioso, oppure se ha trovato del cibo.

Di cosa si nutre il mugnaiaccio?

Tutto è buono per il mugnaiaccio! Molluschi e crostacei, raccolti sulla spiaggia, sono per lui una delizia, così come gli scarti dei pesci lasciati dai pescatori. D'estate, ruba le uova di piccoli uccelli, deposti nella sabbia sulla riva, e ne divora addirittura i pulcini. È così vorace che arriva, dopo una tale scorpacciata, a non essere più in grado di volare! Si avventura anche nell'entroterra per nutrirsi di spazzatura.

Che cosa fanno i piccoli di mugnaiaccio quando sono affamati?

I pulcini affamati lanciano grida acute per reclamare il cibo! Contemporaneamente, picchiettano la macchia rossa sul becco dei loro genitori per invitarli a imboccarli.

A pesca!

A quale profondità può pescare il cormorano?

Anche se a volte pesca presso la riva come i suoi cugini pellicani, il cormorano preferisce cercare i pesci al largo. Quando individua una preda, scompare tra le onde immergendosi. Riesce a inseguirla fino a 20 metri di profondità, nuotando con le ali, poi torna in superficie a degustarla.

Che cosa fa il cormorano dopo la pesca?

Al contrario degli altri uccelli marini, il cormorano non ha le piume impermeabili: quindi s'inzuppa d'acqua dopo ogni immersione. Cerca allora una roccia, scuote le ali e le stende al sole per molte ore per farle asciugare.

Quale uccello è chiamato «pirata dell'aria»?

La fregata, o aquila di mare, non si dà la pena di pescare! Preferisce inseguire gli altri uccelli marini e tormentarli fino a quando non mollano la loro preda, che acchiappa al volo. Da ciò, il soprannome di «pirata dell'aria»!

Quale uccello non teme la tempesta?

Il vento impetuoso o le onde enormi non spaventano la procellaria delle tempeste! Questo piccolo uccello marino può planare al di sopra dei flutti o nuotare sulla superficie dell'acqua, dove becchetta minuscoli pesci.

Quale uccello si tuffa in piacchiata come un fulmine?

Le ali spiegate all'indietro, il becco puntato in avanti: così la sula bassana si tuffa, come una saetta, dall'altezza di 20 o anche 40 metri, in direzione del banco di pesci che ha individuato.
Subito, altre sule si tuffano dopo di lei: fendono l'acqua, aiutandosi con le ali, e afferrano i pesci con infallibili colpi di becco.

Il pinguino

Il pinguino è un uccello, ma non sa volare.
Il suo peso e le corte ali piatte non glielo permettono.

Chi si occupa dei pinguini neonati?

Papà pinguino cova l'uovo appoggiato sulle sue zampe, al calduccio dentro a una piega della pelle della pancia. Mamma pinguino glielo ha affidato prima di tuffarsi in mare in cerca di cibo. Non tornerà prima della nascita del pulcino.

Il pinguino è a suo agio in acqua?

Il pinguino galleggia con la pancia sulla superficie dell'acqua, drizzando la testa come un'anatra e si aiuta con le ali usandole come pinne per nuotare, tuffarsi e balzare fuori dall'acqua come un delfino. Quando s'immerge in profondità alla ricerca di pesce, sembra volare sott'acqua.

A cos'altro servono le ali del pinguino?

A mantenere l'equilibrio: quando corre, le tende all'indietro.

A nuotare.

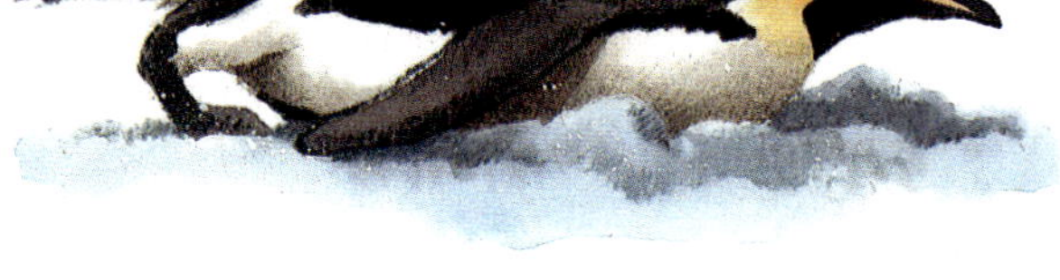

Per avanzare sul ghiaccio, scivolando sulla pancia.

A difendersi, quando si azzuffa.

La pulcinella di mare

Perchè la pulcinella sembra un clown?

In primavera, all'inizio del periodo dell'accoppiamento, il suo buffo becco si tinge di colori vivaci, così da farlo somigliare a un clown! Dopo la stagione degli amori, quando l'uccello ritorna in alto mare, le sue placche blu, gialle e rosse si sgretolano e si staccano. Adesso, il becco sembra più piccolo e assume un colore spento.

Come pesca la pulcinella di mare?

Ottimo tuffatore, la pulcinella nuota sott'acqua allargando le ali; le sue zampe palmate le servono da timone.
Quando torna in superficie, tiene fermi sotto la lingua, una decina di piccoli pesci che pendono dal suo becco come baffi!
Si affretta a portarli al nido.

Dove depone l'uovo mamma pulcinella?

Papà e mamma pulcinella scelgono un pendìo erboso dove scavano col becco e le unghie un lungo tunnel che sembra la tana di un coniglio. Qui, in fondo, costruiscono una piccola camera che riempiono di alghe e piume dove mamma pulcinella depone un unico uovo. I due genitori si alternano nella cova e nella ricerca di cibo.

I GABBIANI

Dove nidifica il gabbiano tridattilo?

Con le sue corte zampe, munite di tre sole dita, il gabbiano tridattilo si sposta sulla terraferma con grande difficoltà e con un'andatura buffa. È molto più a suo agio aggrappato alle pareti rocciose delle scogliere, dove costruisce un grande nido a strapiombo sul mare, in compagnia di altri uccelli marini.

Ci sono dei gabbiani con la testa nera?

Molti sono i gabbiani con la testa nera e il più diffuso è il gabbiano comune. Il gabbiano nano e il gabbiano melanocefalo hanno anch'essi un «cappuccio» di piume nere che compare ogni primavera. Ma l'autunno seguente, dopo la muta, la testa nera dei gabbiani diventa tutta bianca!

Dove nidifica il gabbiano comune?

Nel terreno paludoso sulla riva di uno stagno, scavato nel suolo o galleggiante sulla superficie dell'acqua, il nido costruito dal gabbiano comune è fatto di erba e giunchi. Al suo interno, il gabbiano depone 2 o 3 piccole uova verdastre. Dopo 3 o 4 settimane, nascono i pulcini!

Perché il gabbiano a coda di rondine cerca il cibo di notte?

Questo simpatico gabbiano, dai grandi occhi cerchiati di rosso, si nutre di gamberetti che risalgono in superficie durante la notte. È un cacciatore notturno. Questo gli permette, durante il giorno, di proteggere il suo nido dalla fregata, il nemico più pericoloso! Il gabbiano a coda di rondine, è diffuso, principalmente, nelle isole Galapagos.

Il festino degli uccelli costieri

Quando il mare si ritira, gli uccelli costieri trovano un vero banchetto sulla sabbia e tra le rocce.

Come fa l'ostralega, o beccaccia di mare, ad aprire le conchiglie?

Il suo becco, lungo e robusto, è un utensile molto efficace per aprire ostriche, mitili e altri gusci. Lo infila tra le valve delle conchiglie e lo usa come una leva per aprirle ed estrarne il mollusco. Altre volte le lascia cadere da grande altezza, su una roccia, rompendole.

Come trovano il cibo gli uccelli costieri?

L'avocetta cerca, nei canali, piccoli pesci o gamberetti agitando la superficie dell'acqua col suo becco curvato all'insù.

Col suo lungo becco, il chiurlo afferra gli animali che gli altri uccelli non riescono a raggiungere. Si ciba anche di granchi verdi.

Il voltapietre cerca il cibo sotto i sassi, che capovolge con un colpo di becco.

La beccaccia raccoglie crostacei, vermetti e molluschi portati dalle onde.

Che strano nido!

Dove nidifica la rondine delle rive?

La coppia di rondini delle rive scava una lunga tana orizzontale nelle dune litoranee, in fondo alla quale costruisce il suo nido fatto di erbe e piume.

Chi occupa la tana di un coniglio?

Una grande anatra tuffatrice, la tadorna di Belon (fiume della Bretagna), costruisce il suo nido sotto terra, spesso in una vecchia tana di coniglio. Mentre la mamma cova, il papà sorveglia l'entrata del nido.

Chi riempie il suo nido di conchiglie?

Il piccolo piviere nidifica spesso in colonie.
È il maschio a costruire il nido:
un piccolo buco nella sabbia che riempie
di conchiglie, ciottoli e fili d'erba.

Chi depone un uovo nella crepa di una roccia?

La femmina di un piccolo pinguino depone
un unico uovo direttamente nella roccia.
Dopo soli 21 giorni dalla nascita, l'uccellino
si getta dall'alto della scogliera direttamente
in mare: sa già tuffarsi e nuotare!

Quale coppia d'uccelli costruisce il proprio nido con le alghe?

Le sule ritrovano con facilità il proprio nido
di alghe in mezzo a migliaia di altri nidi
e lo proteggono a colpi di becco.
Papà e mamma si alternano nella cova
dell'unico uovo.

I pesci

CHE COS'È, UN PESCE?

COME NASCONO I PESCI?

UNA FEMMINA DEPONE LE UOVA.

UN MASCHIO VI DEPOSITA IL SUO SEME CHE LE FECONDA.

DOPO QUALCHE SETTIMANA, DELLE PICCOLE LARVE ESCONO DALLE UOVA.

LE LARVE CRESCONO E SI TRASFORMANO: SI CHIAMANO «AVANNOTTI».

CRESCENDO, GLI AVANNOTTI DIVENTANO PESCI ADULTI.

Come nuotano i pesci?

I pesci utilizzano le loro pinne per avanzare, cambiare direzione, frenare o sfuggire di scatto agli avversari. L'anguilla nuota come un serpente descrivendo una S. La razza sbatte le pinne come fossero ali. La sogliola nuota su un fianco.

A cosa servono le squame dei pesci?

A seconda delle specie, i pesci hanno squame di forme differenti: rotonde o romboidali. Crescono col crescere dei pesci e servono da protezione come un'armatura.

I pesci dormono?

I pesci non hanno le palpebre e quindi non possono chiudere gli occhi, ma si riposano o dormono ugualmente. Alcuni si lasciano galleggiare o si coricano su un fianco, altri si infilano nei crepacci o si appoggiano alle rocce. Il pesce pappagallo dorme dentro una bolla d'aria da lui prodotta. Così i suoi nemici, gli squali, non avvertono la sua presenza.

La mamma depone e il papà cova!

Come nascono i piccoli dell'ippocampo?

Papà ippocampo ha sul ventre una piccola tasca che serve da incubatrice: è lì che mamma ippocampo depone le uova! Dopo la schiusa, il papà si aggrappa a un'alga con la coda e scuote vigorosamente la sua tasca rigonfia per espellere i neonati! Dei minuscoli ippocampi, che somigliano a punti interrogativi, escono e nuotano subito verso la superficie.

Come nuota l'ippocampo?

Con le piccole pinne che muove a grande velocità, l'ippocampo nuota in posizione verticale, come se stesse in piedi! La sua coda serve per mantenere l'equilibrio e aggrapparsi alle alghe, per non essere trasportato dalle violenti correnti marine.

Perché l'ippocampo si chiama anche «cavalluccio marino»?

Col suo lungo muso che gli serve per aspirare le piccole prede di cui si nutre, questo buffo animale ha una testa che ricorda un po' quella di un cavallo. È per questo che viene chiamato anche «cavalluccio marino».

L'ippocampo è un pesce?

Questo strano animale non ha squame ma è lo stesso un pesce, con una piccola pinna sul dorso e due sui lati della testa.
È un cugino dell'anguilla marina.

Nascosti tra le rocce

Come nuota la murena?

Per metà nascosta in un crepaccio, la murena spia e azzanna con la sua bocca, dai denti affilati, tutto quello che le passa davanti: pesci, granchi o molluschi! Neanche la piovra, quando cerca di stanarla, resiste ai suoi morsi.

Quali piccoli crostacei vivono senza paura vicino alla murena?

Un piccolo gamberetto pulitore, chiamato così perché libera i pesci dai parassiti che li tormentano. Per svolgere il suo lavoro, ha l'abitudine di sistemarsi sulla murena! Questa lo riconosce dalle lunghe antenne vistose e non lo divora!

Dove depone le uova mamma ghiozzo?

È dentro un crepaccio, sulla volta di un pertugio o sotto una pietra che mamma ghiozzo depone le sue uova. Papà ghiozzo le sorveglia e le arieggia sventolando le pinne! Monta la guardia fino alla schiusa e non esita ad attaccare i pesci, anche più grandi di lui, per difendere la sua prole.

Quale pesce assomiglia all'anguilla?

Questo cugino della murena può raggiungere i 2 metri di lunghezza e vive nascosto nelle fessure delle rocce: si chiama grongo. Si riproduce solo una volta nella sua vita! La femmina depone, in questo caso, diversi milioni di uova.

Come cattura le prede lo scorfano rosso?

Nascosto tra le rocce, dove passa del tutto inosservato, lo scorfano rosso attende pazientemente il passaggio di un pesce o di un crostaceo. Di colpo, spalancando le grandi fauci, provoca una corrente che trascina la preda nella sua bocca.
Le spine delle sue pinne sono velenose e la loro puntura può essere molto dolorosa.

La metamorfosi dei pesci piatti

Le sogliole, appena nate, sono piatte?

Qualche giorno dopo la nascita, le piccole sogliole nuotano come la maggior parte dei pesci e hanno un occhio su ciascun lato della testa.

In seguito si trasformano in minuscoli pesci appiattiti, e un occhio si sposta per raggiungere l'altro sulla parte opposta della testa.

Quando entrambi gli occhi sono dalla stessa parte, le piccole sogliole si sistemano sul fondo sabbioso del mare.

Come nuotano i pesci piatti

Nuotano battendo la coda come gli altri pesci, con la faccia appiattita rivolta verso il fondo del mare.

I PESCI PIATTI CAMBIANO COLORE?

MOLTI PESCI PIATTI SONO BRAVISSIMI NEL MIMETIZZARSI. LA PIANUZZA, O PASSERA DI MARE, OPPURE IL ROMBO, ASSUMONO IL COLORE DELLA SABBIA O DELLA GHIAIA SU CUI SI POSANO. COSÌ PASSANO DEL TUTTO INOSSERVATI.

COME FANNO I PESCI PIATTI A NASCONDERSI NELLA SABBIA?

PER NASCONDERSI SOTTO LA SABBIA, IL ROMBO O LA SOGLIOLA, LA SOLLEVANO DAL SUOLO CON IL BORDO DELLE PINNE, SE LA FANNO RICADERE ADDOSSO E LASCIANO SCOPERTI SOLO GLI OCCHI.

La razza volante e le sue cugine

La razza volante può volare?

Nell'acqua, dà l'impressione di volare quando agita le grandi pinne! Il suo enorme peso non le impedisce di balzare fuori dall'acqua effettuando degli spettacolari voli planati. Quando il suo corpo ricade sulla superficie del mare, produce un rumore simile a una detonazione, come un colpo di pistola!

Chi viene soprannominato «diavolo del mare» ?

La manta è la più grande tra tutte le razze. Le sue grandi pinne, che somigliano a un paio di ali, e la testa munita di due piccoli corni le danno un aspetto terrificante, per cui è soprannominata «diavolo del mare», anche se è inoffensiva.

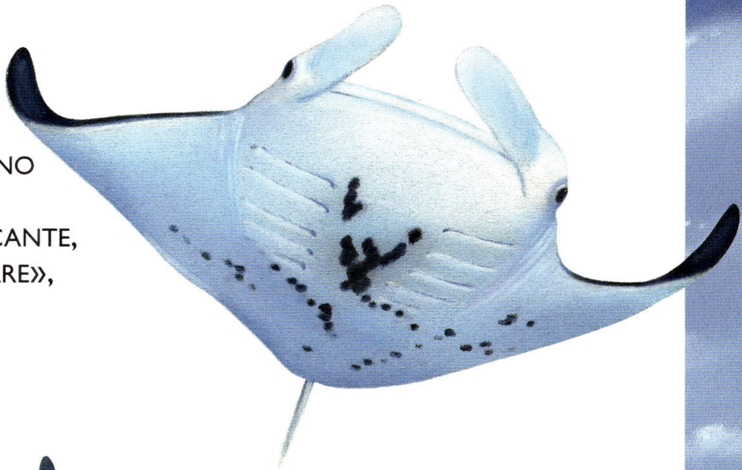

A cosa servono i piccoli corni della manta?

Sono, in realtà, delle piccole pinne che le servono per condurre l'acqua, contenente il suo nutrimento, verso la bocca.

Quale razza dà una scarica elettrica?

La torpedine ha il potere di produrre elettricità. Nascosta nella sabbia, spia un pesce che passa sopra di lei, gli si arrotola attorno ed emette una scarica elettrica che lo paralizza e lo uccide.

Quali razze sono equipaggiate con un'arma terribile?

La pastinaca ha, all'attaccatura della coda, un lungo dardo velenoso che utilizza anche per difendersi.

Il pesce sega, cugino della razza, possiede, sul muso, un'arma a forma di sega che gli serve per scavare i fondali marini e cercare piccoli animali, di cui si nutre.

La scogliera corallina

Nei mari caldi, le scogliere coralline costituiscono l'habitat ideale per i molti animali marini che vi si nascondono. Possiamo trovare dei curiosi pesci molto colorati.

Quali pesci vivono tra i coralli?

Il pesce gioiello cambia completamente colore crescendo.

Il pesce libellula si mette al riparo tra i rami protettivi dei coralli.

Col suo muso appuntito, il pesce farfalla cattura piccoli crostacei e larve che vivono sui coralli.

Nascosta tra i coralli, la murena zebrata difende ferocemente il suo territorio.

Il pesce vacca è così chiamato a causa dei due piccoli corni collocati sulla testa.

Il pesce chirurgo ha, su ciascun lato della coda, due spine taglienti come bisturi! Usa queste armi per battersi contro i pesci nemici.

I pesci farfalla, detti «quattrocchi», hanno, in prossimità della coda, una macchia nera che può essere scambiata per un occhio. I loro veri occhi sono mimetizzati da una striscia nera.

IL PESCE PAGLIACCIO E IL SUO AMICO ANEMONE

DOVE ABITA IL PESCE PAGLIACCIO?

NEI MARI CALDI IN CUI VIVE, IL PESCE PAGLIACCIO SI RIFUGIA IN MEZZO AI TENTACOLI DELL'ANEMONE DI MARE. QUI DORME E SI RIPARA IN CASO DI PERICOLO.

L'anemone di mare è un fiore o un animale?

Anche se somiglia a un fiore, l'anemone di mare è un animale. Cattura i pesci piccoli e i gamberetti che restano intrappolati tra i suoi tentacoli velenosi.

Perché il pesce pagliaccio non teme le punture dell'anemone di mare?

Il corpo del pesce pagliaccio è ricoperto da una sostanza vischiosa. Questa sostanza lo protegge dalle punture dei tentacoli del suo amico, l'anemone di mare.

Dove depongono le uova i pesci pagliaccio?

Al momento della deposizione, i pesci pagliaccio puliscono la sabbia ai piedi dell'anemone. Qui, depongono le loro uova, che saranno ben protette dai tentacoli. In seguito, di tanto in tanto, prendono le uova in bocca per pulirle e arieggiarle!

Rotondo come una palla!

Quale pesce sputa un getto d'acqua per catturare le sue prede?

Il pesce palla soffia o schizza un getto d'acqua per sollevare la sabbia e catturare, così, piccoli animali di cui si nutre.

Perché il pesce palla si gonfia come un pallone?

Quando è irritato o si avvicina un pericolo, il pesce palla aspira aria o acqua diventando rotondo come un pallone! Può anche galleggiare in superficie, con la pancia all'aria!

Perché il pesce palla assomiglia a un elicottero quando nuota?

Grazie alle sue pinne, può modificare la direzione, girarsi, scendere o ruotare come un elicottero! In caso di fuga, la coda gli serve da remo.

Perché il pesce istrice si chiama così?

Come il suo cugino pesce palla, il pesce istrice si gonfia. Le spine sulle sue squame si raddrizzano e sembra, così, il mammifero di cui porta il nome.

Quale pesce sembra una grossa testa?

Il pesce luna è enorme! Sembra un pesce tagliato a metà di cui resta solo la testa! Quando nuota, una delle sue pinne può uscire dall'acqua, come quella di uno squalo.

Pesci marciatori

I pesci possono camminare?

Alcuni pesci, come il pipistrello di mare, camminano sul fondo del mare servendosi delle loro pinne come fossero zampe!

Tutti i pesci restano nell'acqua?

In genere, i pesci vivono sempre nell'acqua, ma alcuni possono avventurarsi, per poco tempo, sulla terra ferma!

Il ghiozzo marciatore saltella sul fango come una rana. Con le sue pinne, munite di ventose, riesce ad arrampicarsi lungo i tronchi degli alberi.

La perca arrampicatrice sale sulle radici delle mangrovie.

Il pesce gatto usa le sue pinne per camminare sulla terra: i suoi baffi, molto rigidi, gli permettono di stare in equilibrio.

Il pesce cappone, come lo scorpione di mare, cammina appoggiandosi alla punta delle pinne pettorali e s'arrampica sulle rocce che emergono dall'acqua.

In trasferta!

QUALE PESCE UTILIZZA UN MEZZO DI TRASPORTO?

La remora è uno strano pesce che si sposta incollato agli squali, alle tartarughe o, addirittura, alle barche! Grazie al disco adesivo che ha sulla testa, si appiccica come una ventosa al suo mezzo di trasporto e viaggia così senza stancarsi.

IL PESCE VOLANTE HA LE ALI?

Il pesce volante non ha ali ma grandi pinne che distende quando salta fuori dall'acqua. Può fare grandi balzi sopra le onde, inseguendo una preda o per seminare i pesci che se lo vorrebbero mangiare!

QUALI SONO I PESCI PIÙ VELOCI?

I pesci più veloci sono i grandi cacciatori che inseguono le loro prede a tutta velocità. Il pesce veliero, il pesce spada e il tonno sono dei veri campioni.

Pesci straordinari

Esistono dei pesci pulitori?

Il labro pulitore è un piccolo pesce che ripulisce la bocca e le branchie dei pesci più grossi liberandoli dai parassiti che li infestano. I pesci si radunano e aspettano il loro turno «di pulizia» nel «centro di pulitura»!

I pesci fanno il nido?

Papà spinarello costruisce un piccolo nido rotondo con alghe e pietruzze. Quando il nido è finito, mamma spinarello è invitata a entrarci per deporre le uova!

Cosa fanno i pesci pilota?

I pesci pilota fanno dei lunghi viaggi nell'oceano, dove si accompagnano a grossi animali marini come squali o balene. In testa ai cortei, non vengono divorati, indubbiamente perché liberano questi grossi pesci dai parassiti che li tormentano.

Il pesce pappagallo ha il becco?

I solidi denti del pesce pappagallo sono saldati in un becco adunco e così potente che gli permette di strappare e frantumare i pezzi di corallo per mangiare le alghe che vi crescono.

A cosa servono i lunghi barbigli della triglia?

Con i due barbigli che pendono dal mento, e le servono da antenne, la triglia smuove la sabbia alla ricerca di larve o crostacei.

Campioni di camuffamento!

Come fanno certi pesci a passare inosservati?

L'ippocampo fronzuto, o grande dragone marino, ha l'aspetto di un'alga fluttuante e può così vivere nascosto tra le alghe senza farsi riconoscere.

Lo squalo tappeto vive appoggiato sul fondale oceanico: la sua pelle marmorizzata lo rende invisibile.

Il pesce pietra sembra una pietra ricoperta di alghe.

IL PESCE RASOIO, LUNGO E AFFILATO, PORTA LA TESTA IN BASSO, TRA GLI ACULEI MINACCIOSI DEL RICCIO DI MARE.

IL PESCE RANA SI NASCONDE TRA LE ALGHE E ALTRI PICCOLI ANIMALI, ASSUMENDO IL COLORE DI CIÒ CHE LO CIRCONDA.

LA RAZZA SI NASCONDE SOTTO LA SABBIA.

Pesci viaggiatori

Perchè il salmone risale il corso dei fiumi?

Per riprodursi, il salmone ritorna nel fiume in cui è nato, lontano dal mare. Nulla lo ferma: balza al di sopra delle cascate, attraversa le rapide, nuota contro corrente per superare il corso dei fiumi e arriva a destinazione completamente esausto!

Quali pesci vivono sia in acqua dolce sia in acqua salata?

La trota e lo storione, pesci d'acqua dolce, vanno a vivere, per un certo tempo, nel mare prima di ritornare, come il salmone, nel loro luogo di nascita, in acque dolci.

Quale pesce percorre migliaia di chilometri?

L'anguilla, che vive nelle acque dolci dei fiumi, è nata nel mare.
Fa un viaggio che dura molti mesi, percorrendo migliaia di chilometri per ritrovare il suo luogo di nascita, in pieno oceano Atlantico, nel mare dei Sargassi. Dopo aver deposto e fecondato le loro uova, le anguille (maschi e femmine) muoiono.

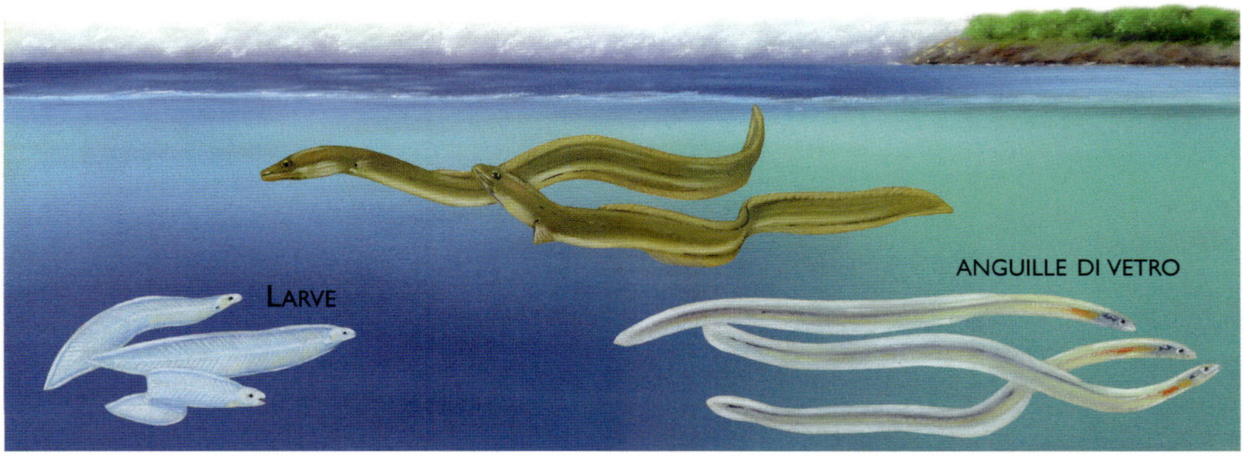

Il salmone è un pesce di mare?

Il salmone è un pesce d'acqua dolce che nasce nel fiume.
Diventato adulto, nuota verso il mare dove vivrà per circa 10 anni.

Gli abitanti delle grandi profondità

Perché gli abitanti delle grandi profondità sono luminosi?

Degli strani animali vivono negli abissi dei mari, dove la luce del sole non può penetrare.
Quasi tutti hanno sul corpo o sulla testa degli organi luminosi che brillano nell'oscurità e che servono per cacciare, per ritrovarsi e per mimetizzarsi.

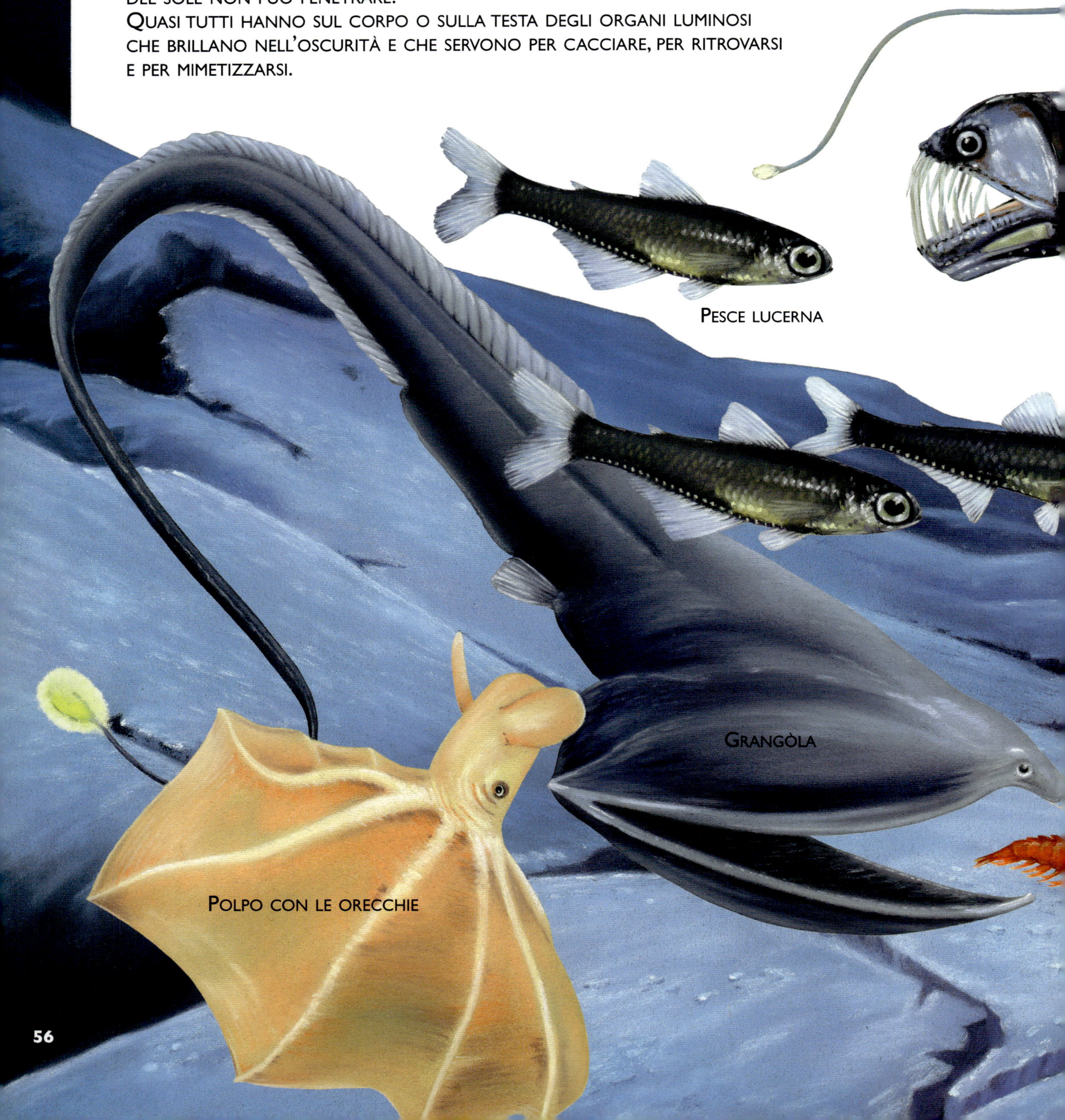

Quali specie di pesci vivono nei fondali oceanici?

Hanno spesso dei grandi occhi e un'enorme bocca spalancata munita di denti affilati! L'ascia d'argento, il diavolo di mare o il dragone indiano hanno un aspetto piuttosto terrificante e sembrano dei mostri, ma misurano solamente qualche decina di centimetri.

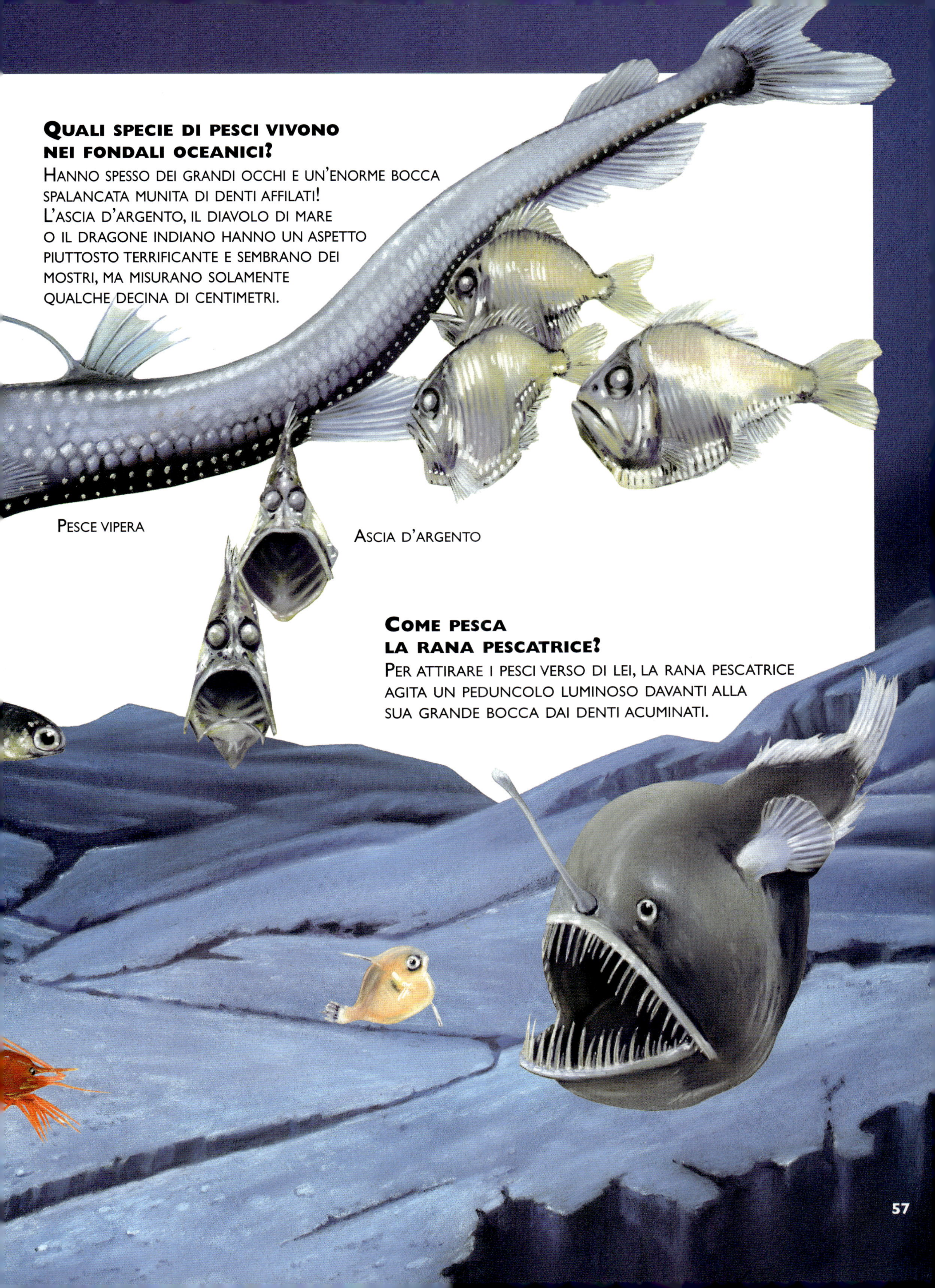

Come pesca la rana pescatrice?

Per attirare i pesci verso di lei, la rana pescatrice agita un peduncolo luminoso davanti alla sua grande bocca dai denti acuminati.

I GRANDI ANIMALI MARINI

Il delfino

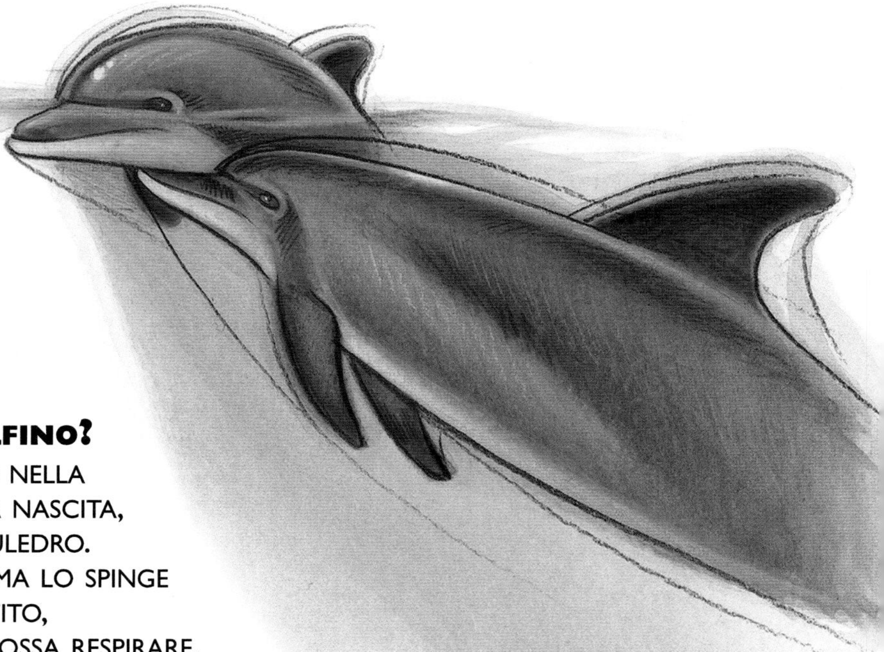

Come nasce il piccolo di delfino?

Mamma delfino porta il suo piccolo nella pancia per 12 mesi. Al momento della nascita, il cucciolo è già grosso come un puledro. Aiutata da un altro delfino, la mamma lo spinge con l'estremità del suo muso appuntito, il rostro, verso la superficie perché possa respirare. Lo sfiatatoio del piccolo delfino si apre subito e prende la sua prima boccata d'aria.

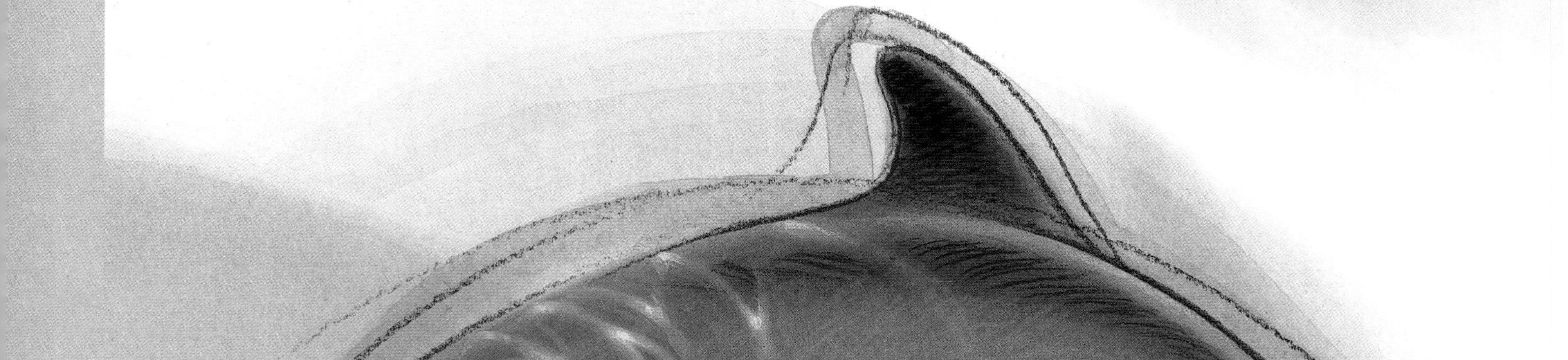

Come mamma delfino nutre il suo piccolo?

Mezz'ora dopo la nascita, il cucciolo consuma il suo primo pasto. Quando riesce ad afferrare con la bocca una mammella della mamma, riceve una spruzzata di latte rosa e cremoso. Questo latte, molto ricco, gli permetterà di crescere rapidamente.

Cosa mangia il delfino?

Dopo essere stato allattato per più di un anno dalla mamma, il delfino mangia pesci e crostacei.
Grazie ai suoi denti appuntiti, può anche catturare prede scivolose come le seppie e i calamari.

Come nuota il delfino?

Il delfino avanza, agitando la coda dal basso verso l'alto.
Le sue pinne gli permettono di girare a destra e a sinistra, come ali di un aereo.
La pinna dorsale gli consente di mantenere l'equilibrio.

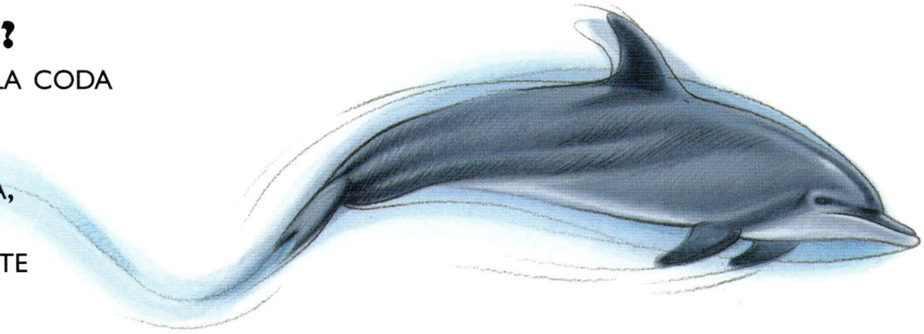

Il delfino può vivere fuori dall'acqua?

Il delfino, come la balena, è un mammifero marino.
Non può vivere fuori dall'acqua perché la sua pelle deve essere sempre umida, ma deve anche risalire in superficie per respirare.

Come fanno i delfini a soccorrere un compagno ferito?

Se uno di loro è ferito, i delfini lo sostengono con le pinne portandolo fino alla superficie affinché possa respirare.

Gli strani cugini dei delfini

Chi è «l'unicorno di mare»?

Il narvalo è un animale curioso che ha solo due denti sulla mascella superiore. Nel maschio, uno di questi denti si estende in orizzontale e può raggiungere i 2 o 3 metri di lunghezza! Questo corno attorcigliato, lo fa assomigliare a un animale leggendario, l'unicorno.

Che differenza c'è fra la focena e il delfino?

Il delfino ha il muso allungato, detto rostro. La focena ha una piccola testa rotonda con il muso piatto.

Perché il beluga è chiamato «canarino dei mari»?

Il beluga è un delfino bianco che vive nei freddi mari del Polo Nord. Sott'acqua, emette dei suoni melodiosi che somigliano al canto degli uccelli, perciò è detto «canarino dei mari».

Esistono delfini d'acqua dolce?

Il delfino dell'Amazzonia è il più grande tra i delfini d'acqua dolce. Ha un muso allungato a forma di becco, dei baffi, ed è quasi cieco.
Il delfino del Gange rovista nel fango alla ricerca di pesci.
Il delfino della Cina è diventato molto raro.

La balena

In quali mari vive la balena?

Protetta da uno spesso strato di grasso, la balena trascorre l'estate nelle acque fredde dei mari polari, dove trova cibo in abbondanza.
D'inverno, ritorna nei mari più caldi dei tropici per partorire il suo piccolo.

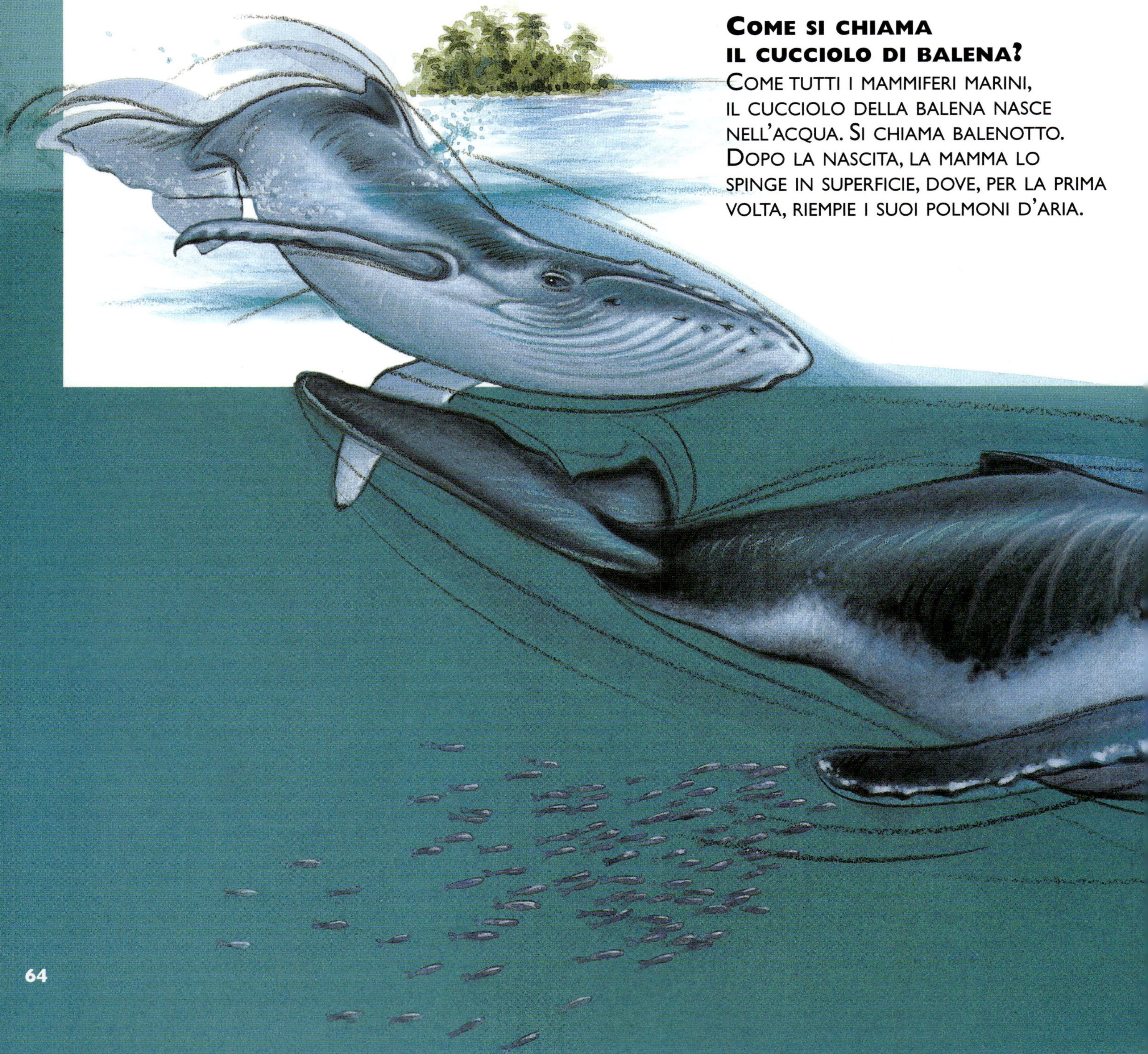

Come si chiama il cucciolo di balena?

Come tutti i mammiferi marini, il cucciolo della balena nasce nell'acqua. Si chiama balenotto. Dopo la nascita, la mamma lo spinge in superficie, dove, per la prima volta, riempie i suoi polmoni d'aria.

Cosa mangia la balena?

Verrebbe da credere che il più grosso animale della Terra debba inghiottire pesci enormi. La balena, invece, coi fanoni, si nutre unicamente di minuscoli gamberetti rosso arancio (il krill) che vivono in folti banchi nei mari polari. Ne inghiotte diverse tonnellate al giorno.

A cosa servono i fanoni delle balene?

Al posto dei denti, alcune balene hanno delle lamine ossee durissime, i fanoni. Questi servono a filtrare le grandi quantità d'acqua che ingurgitano e a trattenere il cibo nella bocca.

Perché la balena spruzza una nuvola di vapore?

A differenza del delfino e del capodoglio, che ne hanno solo una, la balena, coi fanoni, ha due narici chiamate «sfiatatoi». Posizionati sopra la testa, si chiudono quando si immerge. Quando ritorna in superficie per respirare, la balena espelle l'aria contenuta nei suoi polmoni attraverso gli sfiatatoi, producendo così, grossi getti di vapore, visibili da lontano.

I giganti dei mari

Qual è il cibo preferito del capodoglio?

Tra tutti i mammiferi marini, il capodoglio è il migliore sommozzatore di profondità! Non esita a scendere fino a 3000 metri per catturare la sua preda preferita, il calamaro gigante, che si difende con i lunghi tentacoli muniti di ventose e lascia cicatrici rotonde sulla pelle del suo aggressore. Ma quest'ultimo finisce sempre per vincere e divorarlo!

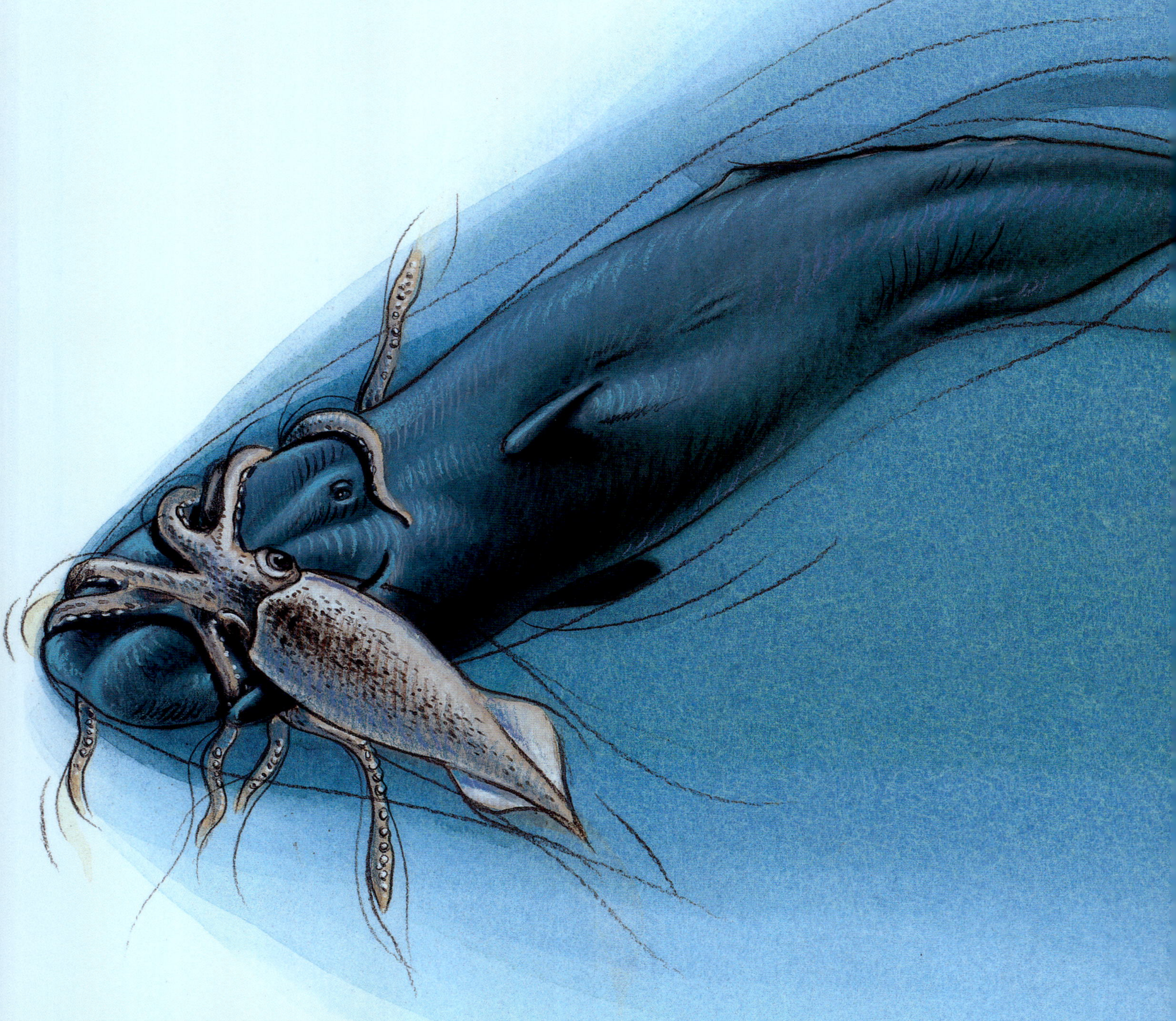

Ci sono delle balene con i denti?

Come i delfini, le focene, i capodogli e le orche, alcune balene hanno i denti. Questi sono spesso situati sulla sola mandibola inferiore, e possono essere fino a 250!

Di cosa si nutre il più grande animale del mondo?

La balena azzurra si nutre esclusivamente di piccoli animali marini, molto simili ai gamberetti, che filtra attraverso i fanoni pendenti dalla sua mascella superiore.

Qual è il più terribile dei mammiferi marini?

L'orca, chiamata anche «balena assassina», è il più grande tra i cugini dei delfini. È anche il più feroce dei mammiferi marini e il più veloce. Caccia foche, delfini e uccelli marini. Quando sono in branco, non esitano ad attaccare le giovani balene, mordendone le pinne fino a farle annegare.

Il più grande non è il più cattivo

Qual è lo squalo più grande?

Lo squalo balena può raggiungere i 18 metri di lunghezza, ed è il più grande degli squali. Nonostante ciò, questo gigante dei mari si nutre solo di plancton, che filtra attraverso le branchie! Al suo confronto il più piccolo degli squali, il gattuccio minore, sembra una miniatura!

Quali sono gli squali più pericolosi?

Il grande squalo bianco è il più vorace di tutti: insegue ogni tipo di pesce, può inghiottire uno squalo di 2 metri, divora le tartarughe marine e caccia i delfini. Lo squalo azzurro è altrettanto temibile. Viene anche chiamato «mangiatore di uomini».

Quale squalo può vedere dappertutto?

Il più strano degli squali ha gli occhi molto distanziati, situati alle due estremità della testa. Ciò gli consente di vedere tutto attorno al suo corpo! È lo squalo martello.

A cosa serve la coda dello squalo volpe?

Quando scopre un banco di pesci, lo squalo volpe sbatte violentemente l'acqua con la coda per spaventarli. I pesci, presi dal panico, si raggruppano e lo squalo non deve far altro che stordirli e divorarli.

Perché lo squalo gigante nuota con le fauci spalancate?

Quando nuota con le fauci aperte, lo squalo gigante, il più grande dei pesci dopo lo squalo balena, è semplicemente in cerca di plancton.

La foca

Perché la foca fa dei piccoli buchi nel ghiaccio?
La foca vive al Polo Nord, dove la superficie del mare è quasi sempre gelata. Con i denti, scava dei piccoli buchi nel ghiaccio: è qui che emerge, con la punta del muso, per respirare quando risale in superficie dopo un'immersione.

I piccoli della foca nascono nell'acqua?

Benché le foche passino quasi tutto il tempo nell'acqua, mamma foca, quando deve partorire il suo piccolo, va sulla terraferma. Protetto da una lanugine grigia, il cucciolo nasce sul ghiaccio. È allattato dalla mamma. All'età di due settimane, va nell'acqua, dove nuota con i suoi genitori.

Come pesca la foca?

La foca fa un buco nel ghiaccio che le permette l'accesso al mare. Vi si tuffa per cercare, in profondità, i pesci di cui si nutre.

La foca si sposta facilmente sulla terraferma?

Agile nell'acqua, la foca si muove con difficoltà sulla terra, dove trascina faticosamente il suo corpo affusolato.

Chi sono i nemici della foca?

Benché sia molto agile nell'acqua, la foca deve difendersi dall'orca e dal suo feroce cugino, il leopardo marino. Il suo peggior nemico, l'orso bianco, la spia pronto ad aggredirla quando esce dal suo buco.

I CUGINI DELLA FOCA

A COSA SERVONO LE ARMI DEL TRICHECO?

LE ARMI DEL TRICHECO SONO DUE CANINI MOLTO LUNGHI. LI UTILIZZA PER RASCHIARE IL FONDO DEL MARE ALLA RICERCA DI CONCHIGLIE, PER USCIRE DALL'ACQUA, PER PRATICARE DEI BUCHI NEL GHIACCIO E DIFENDERSI DAI NEMICI.

Che differenza c'è tra una foca e un'otaria?

L'otaria ha le orecchie, che invece mancano alla foca. L'otaria si sposta sulla terraferma piuttosto agilmente, zoppicando leggermente sulle due pinne posteriori e appoggiandosi su quelle anteriori.
La foca, al contrario, si trascina a fatica sul suolo, aiutandosi con le sole pinne anteriori.

L'elefante marino assomiglia a un elefante?

L'elefante marino è un'enorme foca con un curioso naso che si allunga a forma di proboscide! Ma non assomiglia affatto a un elefante!
Quando è arrabbiato, il maschio gonfia il suo naso ed emette dei ruggiti che si sentono molto lontano.

La lontra di mare

Che cosa fa la lontra di mare sdraiata sulle alghe?

Cerca dei banchi d'alghe galleggianti per farne un materasso! Vi si corica sul dorso e si addormenta, cullata dalle onde. Ci lascia anche il suo cucciolo quando vuole tuffarsi. Si attorciglia le alghe attorno al corpo per non farsi trasportare dai flutti, quando il mare è agitato.

Qual è il pasto preferito dalla lontra di mare?

La lontra si nutre di pesci e conchiglie, ma il suo cibo preferito sono i ricci di mare! Si tuffa sul fondo del mare per cercarli, li prende con le zampe anteriori e ne riporta diversi in superficie. Si corica quindi sul dorso, ne rigira uno tra le zampe per spezzarne gli aculei prima di aprirlo con i denti e mangiarne il contenuto!

Come fa la lontra di mare ad aprire le conchiglie?

Sempre galleggiando sul dorso, la lontra posa una pietra sulla pancia, usandola come tavolo! Quindi, sbatte le conchiglie pescate contro la pietra, fino a romperle. Ora non le resta che gustarne il contenuto!

Come porta il suo cucciolo la lontra?

Nell'acqua, mamma lontra nuota sul dorso tenendo il suo piccolo ben stretto al petto. Lo lecca e lo pulisce. Sempre in questa posizione, lo allatta per un anno. Sulla terraferma, lo trasporta, tenendolo tra i denti, come fa il gatto coi suoi gattini.

Che cosa fa la lontra in caso di pericolo?

Se è minacciata da un pericolo, la lontra si rifugia svelta sott'acqua! Dopo circa 8 minuti, risale in superficie per respirare. Fa emergere solo la testa, mantenendo la posizione verticale e scruta i dintorni.

La tartaruga marina

A cosa serve il carapace della tartaruga?

Il corpo della tartaruga è ricoperto da un carapace di squame ossee. Per difendersi, la tartaruga può farvi rientrare il collo, la testa, le zampe e la coda.

La tartaruga marina depone le uova nel mare?

Come gli altri rettili, la tartaruga marina depone le uova. Al momento di deporre, esce dall'acqua e si trascina sulla riva con le pinne che le servono da zampe! Scava un grande buco nella sabbia e vi depone le uova che sembrano palle da ping-pong. Le ricopre completamente con la sabbia prima di tornare in mare.

Che cosa fanno le piccole tartarughe appena nate?

Dopo qualche settimana, il sole ha riscaldato la sabbia e le uova. Delle minuscole tartarughe escono dalla buca e si dirigono, il più velocemente possibile, verso il mare, cercando di sfuggire a granchi e uccelli, che le spiano, per farne un lauto pasto.

Esistono tartarughe senza carapace?

La tartaruga liuto, o sfargide, è una delle più grandi tartarughe marine. Si distingue dalle altre specie per la forma appiattita del corpo, ricoperto da una pelle liscia e spessa che ha la consistenza del cuoio. Questa tartaruga, a causa della bocca adunca, non può nascondere la sua grossa testa dentro al carapace.

Sulla riva del mare

- Le conchiglie
- L'alta marea sulla scogliera
- Storie di conchiglie!
- I crostacei
- Gli spruzzatori d'inchiostro
- Una conchiglia all'interno
- La stella marina e i suoi cugini spinosi

Le conchiglie

Che cos'è una conchiglia?

Tutte le conchiglie sono molluschi. Hanno un corpo molle, senza scheletro, protetto da un guscio che cresce contemporaneamente a esso. Alcune, come la cozza, hanno un guscio formato da due parti, dette valve. Unite da una sorta di cerniera, si possono quindi socchiudere. Altre hanno il guscio intero, a forma di spirale o di cono, che portano sempre sul dorso!

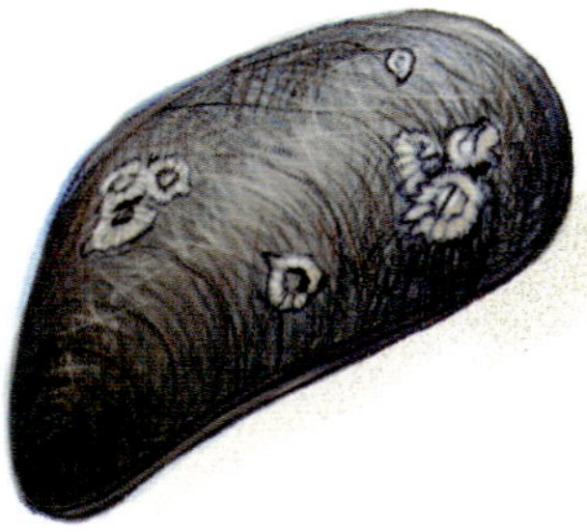

COZZA

PATELLA

LITTORINA BICORNA

COSA FANNO LE CONCHIGLIE DURANTE LA BASSA MAREA?

CON LA BASSA MAREA, IL MARE SI RITIRA DALLA SPIAGGIA. LE CONCHIGLIE, ANCORATE ALLE ROCCE, CHIUDONO SALDAMENTE IL LORO GUSCIO PER CONSERVARE L'ACQUA MARINA ED EVITARE IL DISSECCAMENTO DEL MOLLUSCO. ALTRE SI SEPPELLISCONO SOTTO LA SABBIA.

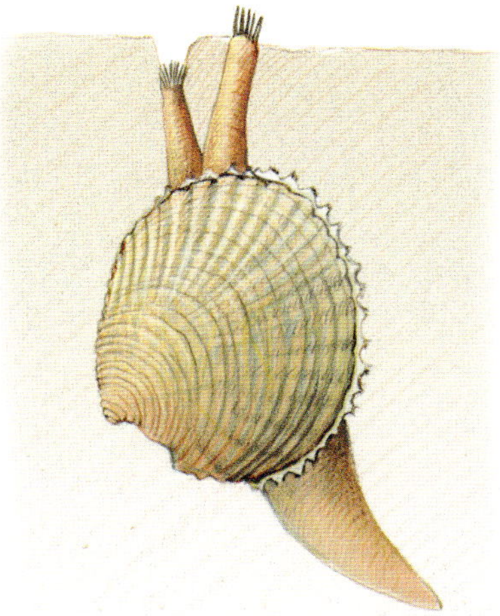

LA CAPPALUNGA SI INSINUA IN PROFONDITÀ NELLA SABBIA SCAVANDO CON GLI ARTI INFERIORI. PUÒ RESPIRARE GRAZIE A UN SIFONE.

NELL'ACQUA, LA VONGOLA FA USCIRE DALLE VALVE UN'ESTREMITÀ DEL CORPO A FORMA DI PALETTA, CHE USA PER SCAVARE NELLA SABBIA MELMOSA E NASCONDERSI!

L'alta marea sulla scogliera

Fuori dall'acqua, le conchiglie si chiudono, ma quando sale la marea e le ricopre, esse si aprono per nutrirsi

Le conchiglie nuotano?

La conchiglia San Giacomo si sposta nell'acqua aprendo e chiudendo rapidamente le valve. Quando scorge la stella marina, sua peggior nemica, fugge muovendosi come fosse un aereo a reazione!

Come si spostano nell'acqua le conchiglie?

Sulle rocce o sul fondo del mare, la maggior parte delle conchiglie si sposta grazie a un'estremità che fuoriesce da uno spiraglio delle loro valve e sulla quale esse strisciano.

Come si nutrono le conchiglie?

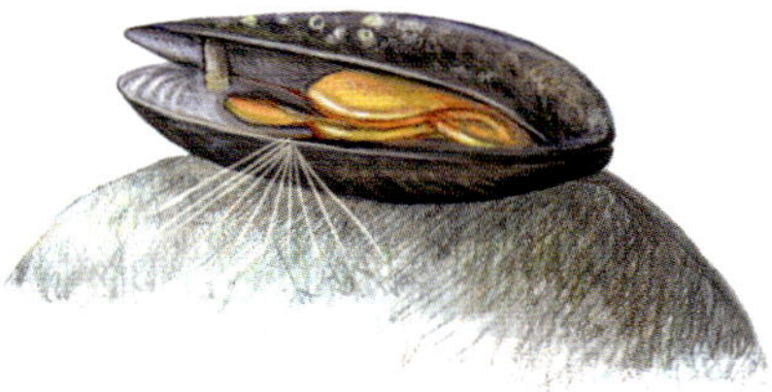

La cozza socchiude il guscio, filtra l'acqua e trattiene tutto ciò che è nutriente.

Il buccino buca la conchiglia delle ostriche o delle cozze con la sua proboscide munita di piccoli denti.

Con la sua proboscide, il murice fora il guscio di altre conchiglie per aspirarne il mollusco.

La littorina bicorna trova il cibo sotto le alghe.

Quale conchiglia assomiglia a un cappellino cinese?

La patella ha il guscio a forma di cono che ricorda un cappello cinese! Con tutto il suo corpo, si attacca alle rocce come una ventosa. Si sposta per cercare il cibo: delle piccole alghe che bruca con la sua lingua ruvida.

Storie di conchiglie!

La conchiglia di San Giacomo ha gli occhi?

La conchiglia San Giacomo non ha la testa, ma quando si apre, appaiono lungo le valve, sul bordo del mantello carnoso, decine di piccoli occhi che le permettono di sorvegliare i dintorni!

L'ostrica produce realmente perle?

Quando un granello di sabbia entra nel suo guscio, l'ostrica lo ricopre di strati successivi di madreperla, una sostanza che essa secerne, fino a trasformarlo in una perla liscia e rotonda.

Come si attacca alle rocce la cozza?

Grazie a una ghiandola che ha sotto al piede, la cozza può produrre dei filamenti che le permettono di ancorarsi saldamente alle rocce. Quando vuole trasferirsi altrove, essa rompe i filamenti e si muove strisciando sul suo piede.

Esistono delle conchiglie giganti?

La tridacna gigante, o acquasantiera, è una gigantesca conchiglia che può misurare più di un metro e pesare 200 kg! Si nutre di piccole alghe che vivono nelle cellule del suo corpo. Spesso, le sue valve sono usate come le acquasantiere delle chiese.

I crostacei

A cosa servono le pinze dei crostacei?

Il ragno di mare, o grancevola, si serve delle sue pinze per strappare pezzetti di alga che posa sul suo carapace per mimetizzarsi!

L'astice ha una grossa pinza che gli serve per rompere le conchiglie e i carapaci, e una più piccola per tagliare e lacerare.

Il granchio violinista agita la sua enorme pinza per attirare la femmina o per intimidire un avversario.

Chi cambia spesso casa?

Per proteggere il suo corpo molle, il paguro, detto anche Bernardo l'eremita, si insedia nelle conchiglie. Ne tasta l'interno per assicurarsi che siano vuote e vi scivola dentro all'indietro. Man mano che cresce, trasloca per trovare una casa sempre più grande.

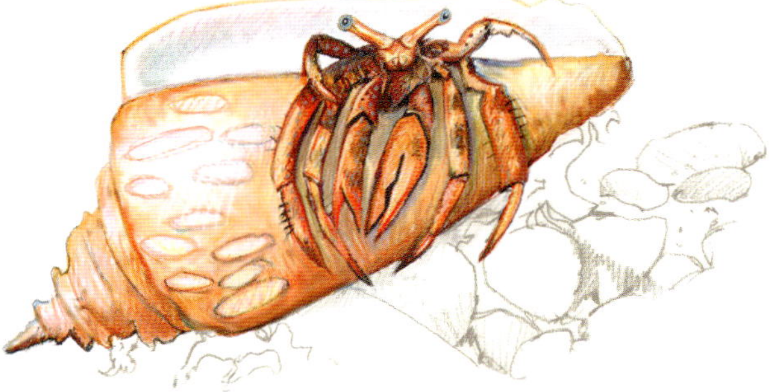

Cosa fanno le aragoste in fila indiana?

Quando l'aragosta intraprende una lunga migrazione, si mette in fila indiana con le sue compagne, formando una lunghissima colonna sul fondo del mare.

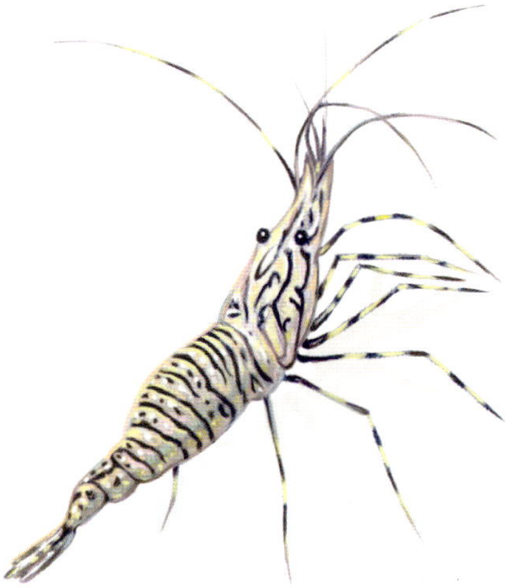

Come si sposta il gamberetto?

Può nuotare all'indietro, ma preferisce passeggiare sul fondale camminando sulla punta delle sue zampe: ne ha cinque paia!

Il granchio nasce con il carapace?

Quando nasce, il granchio esce da un minuscolo uovo sotto forma di larva e, solo in seguito, assume la forma di un giovane granchio. Man mano che cresce, il suo carapace diventa troppo stretto e deve essere cambiato. Dopo la muta, il nuovo carapace è tutto molle, e il granchio deve aspettare che indurisca! Prima di diventare adulto, il granchio compie la muta almeno 6 volte.

Gli spruzzatori d'inchiostro

Come si chiamano le braccia della piovra?

La piovra ha otto braccia attaccate alla testa! Sono tutte munite di ventose. Si chiamano tentacoli.

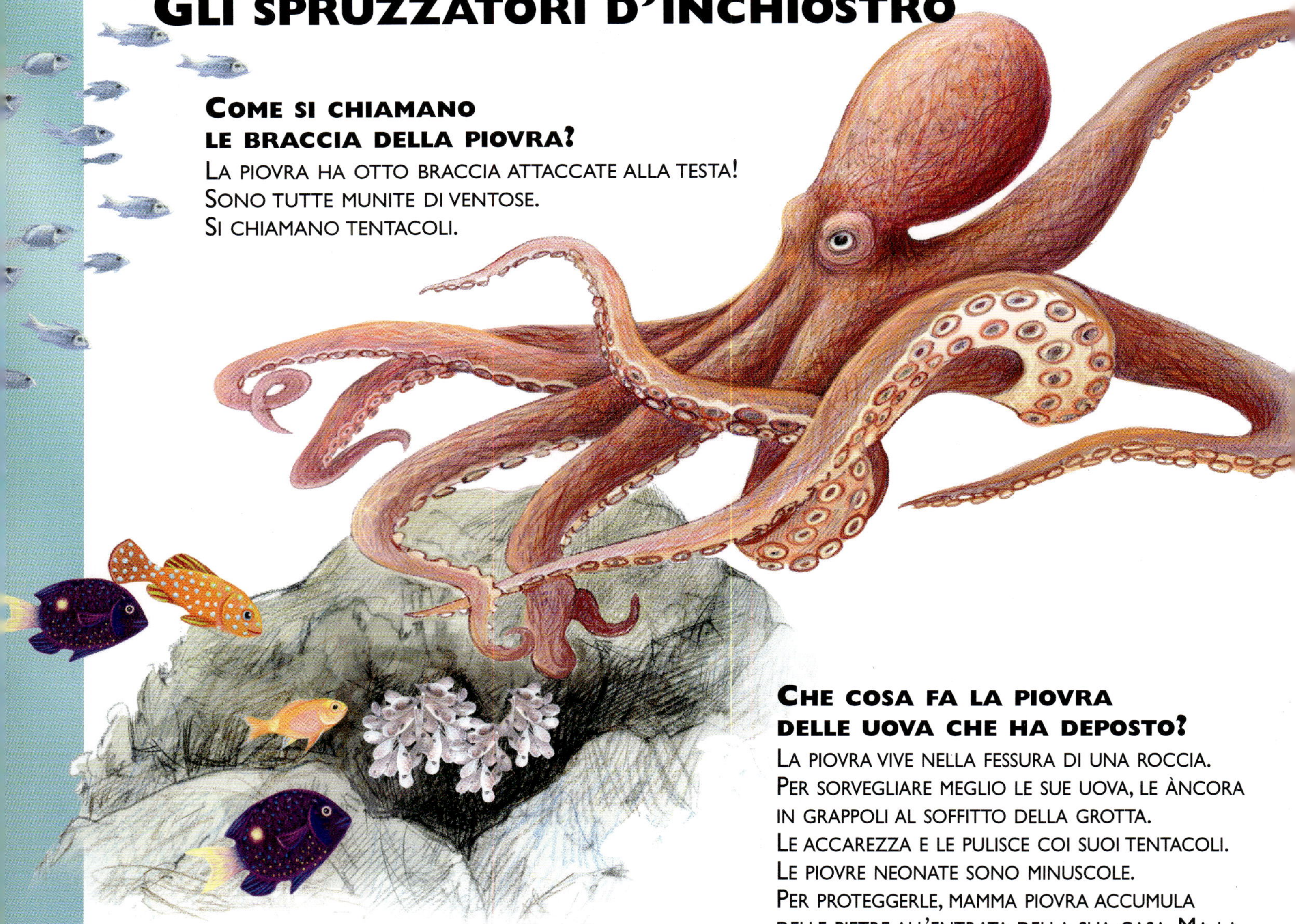

Che cosa fa la piovra delle uova che ha deposto?

La piovra vive nella fessura di una roccia. Per sorvegliare meglio le sue uova, le àncora in grappoli al soffitto della grotta. Le accarezza e le pulisce coi suoi tentacoli. Le piovre neonate sono minuscole. Per proteggerle, mamma piovra accumula delle pietre all'entrata della sua casa. Ma la maggior parte di esse saranno divorate dai pesci che passano davanti alla roccia.

Come caccia la piovra?

La piovra adora la carne dei crostacei! Le pinze dell'astice non possono far niente contro i terribili tentacoli che lo imprigionano. La piovra rompe il carapace con la sua bocca a forma di becco di pappagallo e raccoglie la carne dell'animale con la lingua ruvida.

Una conchiglia all'interno

Cos'è l'«osso di seppia»?

La maggior parte dei molluschi ha una conchiglia per proteggersi. Quella della seppia si trova all'interno del corpo. Si chiama «osso di seppia». Quella del calamaro si chiama «piuma», mentre la piovra non la possiede!

Perché la seppia sputa un getto d'inchiostro?

La seppia ha molti nemici. In caso di pericolo lascia fuoriuscire dalla sua tasca d'inchiostro un liquido nero molto spesso. Questa nuvola scura disorienta gli avversari permettendo alla seppia di fuggire! Anche il calamaro e il polpo hanno una tasca d'inchiostro.

Come si sposta il calamaro?

Grazie a un tubicino a forma d'imbuto, che si trova sulla superficie del suo ventre, il calamaro può lanciare un getto d'acqua che dirige a suo piacimento e che gli permette di avanzare!

La stella marina e i suoi cugini spinosi

La stella marina nuota?

Sotto ciascuna delle sue branche (o braccia), la stella marina ha centinaia di piccoli piedi a forma di tubicino, terminanti con una ventosa. Per spostarsi, non nuota ma striscia sui suoi piedi, che le servono anche per ancorarsi alle rocce e per scalare gli ostacoli.

Quante braccia hanno le stelle marine?

Le stelle marine non sono tutte rosse e con cinque braccia. Alcune specie possono averne fino a quindici!

Se la stella marina perde un braccio, può farselo ricrescere?

Se le succede di perdere un braccio, la stella marina non muore, ma ne fa ricrescere un altro!

Come fa la stella marina a mangiare un'ostrica?

La stella marina mangia soprattutto conchiglie. Per aprire un'ostrica, appoggia le sue braccia sul guscio, e grazie alle numerose ventose, apre le due valve della conchiglia. Dopo, fa fuoriuscire il suo stomaco attraverso la bocca, collocata sulla facciata ventrale, e lo fa scivolare nella conchiglia per ingoiarne il contenuto. Adesso, alla stella marina non resta che far rientrare il suo stomaco!

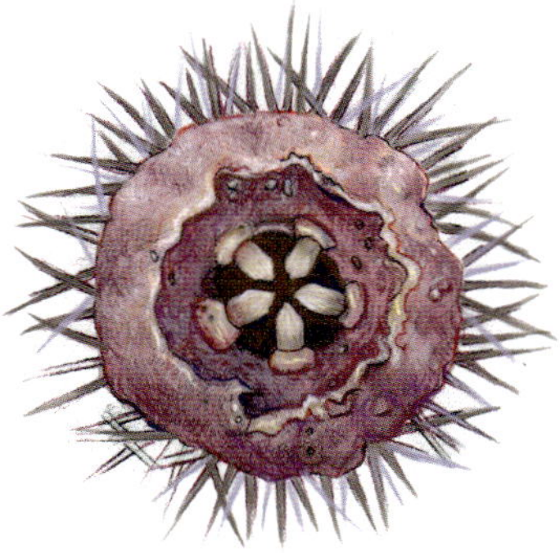

Il riccio di mare ha i denti?

La mascella del riccio di mare è munita di cinque denti. Gli servono per strappare le alghe dalle rocce.

Come si sposta il riccio di mare?

Per muoversi, il riccio di mare usa centinaia di piedi, terminanti con una ventosa, che si incollano alle rocce. Gli aculei gli servono come stampelle per camminare con i suoi buffi piedi.

Il cetriolo di mare è un animale?

Anche se sembra un grosso cetriolino sottaceto, il cetriolo di mare è un cugino del riccio e della stella marina. Può raggiungere anche un metro di lunghezza.

Sommario

R-S

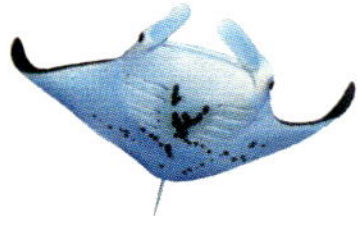

T-U-V